Der Matrix-Mensch
Leitbild zur Gesundheit

mit Musik zur Meditation

Einführung

Mal anders meditieren – aktiv meditieren. Unter diesem Motto ist im Oktober 1999 *Der Matrix-Mensch. Leitbild zur Gesundheit* als Cassette und als CD erschienen. Es sind Worte aus der Liebe und Weisheit Gottes, geschöpft aus dem Strom des Seins von Gabriele, der Prophetin und Botschafterin Gottes.

Gabriele erläutert zunächst ausführlich geistige Zusammenhänge, die zwischen den Verschattungen der Seele und Störungen in den Funktionen des menschlichen Organismus bestehen. Sie zeigt hier einen weiteren, konkreten Weg auf, wie jeder, der es möchte, die Negativspeicherungen in seiner Seele erkennen und ausräumen kann, die dem Lichtsein seiner Seele und somit dem Heilsein des Leibes noch im Wege stehen. Denn wird die Seele vom Quell der Kraft und des Lebens vermehrt durchströmt, so kann auch der Körper das heilende Gotteslicht empfangen.

Der *Matrix-Mensch, Leitbild zur Gesundheit* hat bereits vielen Menschen geholfen, geistig-seelische Stabilität und körperliche

Spannkraft zu erlangen bzw. diese zu bewahren, und darüber hinaus die kostbaren Erdentage im Sinne der wahren Lehre des Jesus von Nazareth zu nutzen, um Frieden, Tatkraft und Lebensfreude, also eine positive Lebensqualität, zu gewinnen. Daher erscheint nun diese Kostbarkeit göttlicher Weisheit auf vielfachen Wunsch auch als Buch.

Während Sie der aktiven Meditation folgen, wäre es hilfreich, gute, ruhige Musik zu hören, die auch die Phasen der Verinnerlichung und der Selbstbetrachtung begleiten kann. Dazu ist eine CD mit geeigneter Musik diesem Büchlein beigefügt.

Wir möchten uns den Worten Gabrieles anschließen und allen Lesern „viel, viel Licht" wünschen „und den Segen des Lichtes, das in jedem von uns leuchtet".

Der Matrix-Mensch
Leitbild zur Gesundheit

Gesund werden, gesund bleiben durch meditatives Versenken in Seele und Leib

Wie werden bzw. bleiben wir gesund?

Der erste Schritt zur wahren Heilung, der Ganzheitsheilung, ist, sich in seine Seele zu versenken, um zu ergründen, was an Gegensätzlichem, an Dunklem, in ihr gespeichert ist.

Warum sollten wir das tun? Weil es unsere Negativspeicherungen in unserer Seele sind, die dem Heilwerden und dem Heilsein auch unseres Körpers im Wege stehen. Daher ist es unerläßlich, zunächst zu erkennen, was das Lichtsein der Seele und somit die Gesundung des Leibes verhindert und irgendwann die Ursache einer Krankheit sein kann.

In der meditativen Versenkung in unsere Seele und mit der Hilfe des mächtigen Weltall-Geistes, Gott, in uns werden wir gewahr, was wir an Dunklem, an Gefahrvollem für Seele und Leib gespeichert haben, das wir dann ausräumen sollten, um das heilende Gotteslicht zur Heilung des Leibes zu empfangen oder um gesund zu bleiben.

Das Lichtwerden der Seele und die Heilung des Leibes führen zur Ganzheitsheilung, zum ganzheitlichen Gesundsein. Eine ganzheitliche Heilung kann nur dann erfolgen, wenn wir die Dunkelheit in unserer Seele entmachten.

Ganzheitliche Heilung kann wie folgt verstanden werden:

Durch unser Fehlverhalten – unser Fühlen, Empfinden, Denken, Reden und Handeln gegen unsere Nächsten und Übernächsten, die Tiere –, das wir auch unsere Sünden nennen, die wir täglich bewußt oder unbewußt begehen, schaffen wir Negativenergien, die unsere Seele verdunkeln. Die Negativeingaben, die Belastungen, die unsere Seele trägt, prägen uns, prägen unser Tun und Lassen und bestimmen das Geschehen unserer Erdentage. Doch diesen Wirkungen und Auswirkungen stehen wir nicht machtlos gegenüber, denn jeder Tag zeigt uns Aspekte unserer Eingaben in unsere Seele auf. Z.B. spricht der Tag durch unsere aufwühlenden Gedanken, unsere hitzigen Gespräche; er spricht in Streit und Zank zu uns. Immer dann, wenn wir uns erregen oder wenn wir uns darstellen, uns in Positur setzen, wenn unser Ich sich aufbläht und sich entsprechend äußern möchte oder äußert, deutet dies auf gegensätzliche Eingaben hin. Somit stellt uns der Tag auf mancherlei Art und Weise die Frage, w a r u m wir so denken oder warum wir so handeln.

Es gibt auch durchaus schöne und freudige Ereignisse. So wir sie in Liebe und Dankbarkeit aufnehmen und mit diesen positiven Kräften wieder anderen Freude bereiten, können diese Begebenheiten positive Impulse unseres Tages sein. Es sind Lichtkräfte der Seele.

Wollen wir unseren Tag wahrnehmen, dann sollten wir bewußt leben, indem wir unser Verhalten in den unterschiedlichen Situationen des Tages in Augenschein nehmen, denn durch viele Situationen und Begebenheiten spricht unser Tag zu uns. Sind wir bereit, uns selbst zu erkennen, und sind wir gewillt, unsere Fehlhaltungen, gleich Sünden, mit der Hilfe des Inneren Lichtes zu bereuen, zu bereinigen und Gleiches und Ähnliches nicht mehr zu tun, dann entmachten wir die Dunkelheit in unserer Seele, und das Licht der Heilung und des Heilseins geht gleich einer Morgenröte in uns auf, um in unserem Körper das zu bewirken, was für Seele und Leib gut ist: die Ganzheitsheilung.

Die einfache Lebensregel, deren Befolgung bewirkt, daß wir an Seele und Leib gesunden oder gesund bleiben, lautet: Erkenne dich selbst. Bereue die erkannten Fehler, bereinige sie, und tue Gleiches und Ähnliches nicht mehr.

Wollen wir ganzheitlich gesund werden, also licht werden in unserer Seele und heil werden in unserem Körper, dann sollten wir uns als erstes die Frage stellen: Für wen, für was will ich gesund werden?

Unsere ehrliche Antwort auf diese Frage ist entscheidend, denn die Ganzheitsheilung ist ein innerer Vorgang, eine Aktion des heilenden Lichtes, das dann aktiv wird, wenn wir die richtungsweisende positive Motivation aufbauen, die uns die Zehn Gebote Gottes und die Bergpredigt Jesu vermitteln – und wenn wir uns daran halten.

Ihre Antwort auf die Frage, für wen bzw. für was Sie gesund werden wollen, können Sie dann, wenn Sie die Zeit zum Überdenken haben, den Zehn Geboten Gottes und der Bergpredigt Jesu gegenüberstellen. Diese sind Auszüge aus dem ewig waltenden Gesetz der Gottes- und Nächstenliebe, die uns behilflich sind, unseren Balken in unserem Auge gewahr zu werden, denn vielfach blicken wir allzugern auf den Splitter im Auge unseres Nächsten. Jesus aber sprach: *Warum siehst du den Splitter im Auge deines Bruders, aber den Balken in deinem Auge bemerkst du nicht?*

Bereinigen wir unser erkanntes Fehlverhalten, also unseren Balken, und tun wir Gleiches und Ähnliches nicht mehr, dann reinigt sich unsere Seele von dem Übel, das wir ihr irgendwann zugedacht und zugesprochen haben. Auch durch unser falsches Handeln gegenüber unseren Mitmenschen und den Naturreichen belasten wir unsere Seele und unseren Leib.

Wenden wir die einfache Lehre des Jesus, des Christus, an, die ich hier noch einmal wiederholen möchte, so entmachten wir die Dunkelheit in unserer Seele, so daß das Licht der Heilung tagtäglich mehr in unseren Körper, zu allen Bausteinen unseres Leibes, zu strahlen vermag. Die Lehre des Nazareners lautet kurzgefaßt: Erkenne täglich dein Fehlverhalten und deine Fehlhaltungen, also das falsche Tun und seine Wurzel; bereue und bereinige dein Sündhaftes, und tue es nicht mehr. Erfülle täglich mehr die Gebote Gottes und die Bergpredigt Jesu, so daß das Licht des Heils die Selbstheilungskräfte deines Körpers zu aktiver Tätigkeit anzuregen vermag, damit die regenerierenden und aufbauenden Kräfte in allen Organen, Drüsen, Hormonen, in Blut- und Lymphgefäßen, in Nerven, Knochen und Muskeln, in allen Funktionen des Leibes ihre Wirksamkeit entfalten.

Machen wir uns bewußt: In dem Maße, wie sich unsere Seele reinigt, entschlackt sich auch unser Körper. Das ist Ganzheitsheilung.

Wir haben es in der Hand, ob wir uns mit der vorübergehenden Heilung unseres Leibes begnügen, indem wir ausschließlich auf das Heilwerden des physischen Leibes bedacht sind und die Ursachen, deren Wirkungen sich in unserem Körper als Krankheit bemerkbar machen, in unsere Seele zurückdrängen, oder ob wir in unserer Seele die Ursachen beheben und die Ganzheitsheilung zum Tragen kommen lassen.

Wer einzig auf das Heilwerden der körperlichen Leiden bedacht ist, der wünscht sich auch nur die körperliche Genesung. Die Genesung des Körpers kann für eine geraume Zeit erfolgreich scheinen, denn wir fühlen uns wieder gesund. Die Wirkungen, die wir in unsere Seele zurückdrängen und die dort als Ursachen bleiben, sind jedoch nur aufgeschoben; sie wurden von uns in unsere Seele zurückgeschoben.

Das Zurückgedrängte bleibt in unserer Seele vorerst inaktiv. Unsere Leiden oder Krankheiten haben wir somit auf eine künftige Zeit verschoben und unter Umständen auf eine andere Körperachse gelegt, auf ein anderes Organ oder auf andere Funktionen in unserem Leib.

Wer sich auf die Ganzheitsheilung besinnt und die Antwort auf die Frage „Für wen bzw. für was will ich gesund werden?" in Übereinstimmung mit den Zehn Geboten Gottes und der Bergpredigt Jesu bringt, der wird auch dann, wenn er eine Ganzheitsheilung wünscht, den Arzt seines Vertrauens mit einbeziehen, der den physischen Körper mit den notwendigen Medikamenten versorgt und durch entsprechende Verordnungen hilft. Der Arzt kann erheblich dazu beitragen, daß wir uns körperlich, aber auch seelisch wohler fühlen. So kommen unsere Gemütslage und unsere körperliche Verfassung ins Gleichgewicht; wir werden wieder hoffnungsvoller und freudiger und fühlen uns gestärkt, unsere Fehlhaltungen mit der Hilfe der allmächtigen kosmischen Kraft, der Liebe, die Gott ist, zu erkennen, zu bereuen, zu bereinigen und nicht mehr zu tun.

Ist unsere Antwort auf die Frage „Für wen bzw. für was will ich gesund werden?" weitgehend in Übereinstimmung mit den Geboten Gottes und der Bergpredigt Jesu und sind wir bereit und willens, uns im Alltag in allen Schwierigkeiten und Lebenssituationen daran zu halten, dann wird die nachfolgende aktive Meditation, die Versenkung in unsere Seele, um Fehlhaltungen zu erkennen und zu bereuen, eine große Hilfe sein, damit eine ganzheitliche Heilung erfolgen kann.

Machen Sie sich täglich – und das eventuell schon am frühen Morgen – bewußt, daß in Ihnen und in jedem Menschen die unendliche Quelle der Liebe strömt, die uns Hilfe und Heilung bringt; es ist der Geist Gottes, die All-Liebe und Weisheit.

In Ihnen strömt also der universelle kosmische Geist, GOTT.

Wollen wir gesund werden oder gesund bleiben, dann sollten wir unser Leben, das von unseren Verhaltensweisen geprägt ist, von unserem Fühlen, Denken, Sprechen und Wollen, auf die positive Kraft, auf das Licht, die Heilquelle in Seele und Leib, ausrichten und unser Verhalten darauf einstimmen.

Würde ich behaupten, daß Sie sich selbst nicht kennen – was wäre Ihre Antwort? Vermutlich würden Sie diese Aussage nicht akzeptieren. Und doch ist es vielfach so. Die Mehrzahl der Menschen kennt sich tatsächlich nicht, denn die meisten unserer Mitmenschen hören nur auf das Zirpen ihrer eigenen Worte und der ihrer Mitmenschen. Selten jedoch nehmen sie das Rauschen ihrer Unterkommunikationen wahr, das Rauschen dessen, was sich i n ihren Worten tummelt, das Unterbewußte, das vielfach autonom ist. Daher können diese Menschen auch nicht erfassen, was andere in ihre Worte hineinlegen.

Das gleiche gilt für unser Denken, Fühlen und Wollen, ebenso für unsere Wünsche, und wenn sie noch so „gut" scheinen.

Z.B. sagen wir: „Ich tue keinem Menschen und keiner Fliege etwas zuleide" oder: „Jeder Mensch kann tun und lassen, was er will." Wir sind – so glauben wir – tolerant und positiv.

Würde ich Sie nun fragen, warum Sie z.B. krank oder leidend sind oder warum Sie so viele verschiedene Wehwehchen haben oder warum Sie z.B. Fleisch essen, wenn Sie doch keiner Fliege etwas zuleide tun können, oder warum Sie sich mit diesem oder jenem Menschen nicht vertragen, und, und, und – was wäre die Antwort? Eventuell würden Sie sich mit Argumenten wie den folgenden rechtfertigen: Die unterschiedlichen Wehwehchen bzw. die Krankheit seien umweltbedingt. Oder: Der Partner würde Sie so viel ärgern. Oder: Der Streß am Arbeitsplatz sei schuld an Ärger und Zwistigkeiten oder der Arbeitgeber oder die Arbeitskollegen oder der streitsüchtige Nachbar ... Zur Fleischnahrung gäbe es z.B. folgende Antwort: Wir Menschen brauchen Eiweiß für den Körper. Oder: Sie müßten Fleisch zubereiten, weil es der Partner und die Kinder so wollen; der Einfachheit halber äßen Sie dann mit - und, und, und.

Bedenken wir: Auch Tiere, die zur Schlachtbank geführt werden, leiden. Jesus brachte uns in vielen Seiner Worte nahe, daß wir unser Denken, Reden und Handeln hinterfragen sollen. Z.B. sagte Er: *Was ihr den geringsten Meiner Brüder antut* – damit meinte Er auch Seine Schwestern –, *das tut ihr Mir an*. Und was sagte Er zu dem Menschen, der ein Tier quälte?

Wir finden darüber nichts in den Bibeln der Kirchen, aber in einem anderen Evangelium, das der Christus Gottes in Sein mächtiges Offenbarungswerk *Das ist Mein Wort* aufnahm, ist es überliefert:

Du Sohn der Grausamkeit, warum schlägst du dein Tier? Siehst du denn nicht, daß es für seine Last viel zu schwach ist, und weißt du nicht, daß es leidet? …

Und einige aus dem Volke sagten: „Dieser Mann sorgt für alle Tiere. Sind sie Seine Brüder und Schwestern, daß Er sie so liebt?" Und Er sprach zu ihnen: „Wahrlich, diese sind eure Mitbrüder aus der großen Familie Gottes, eure Brüder und Schwestern, welche denselben Atem des Lebens von dem Ewigen haben.

Und wer immer für einen der kleinsten von ihnen sorgt und ihm Speise und Trank gibt in seiner Not, der tut dieses Mir, und wer es willentlich duldet, daß eines von ihnen Mangel leidet, und es nicht schützt, wenn es mißhandelt wird, läßt dieses Übel zu, als sei es Mir zugefügt. Denn ebenso, wie ihr in diesem Leben getan habt, so wird euch im kommenden Leben getan werden."

„Wahrlich, Ich sage euch, wer Vorteile zieht aus dem Unrecht, das einem Geschöpf Gottes zugefügt wird, der kann nicht rechtschaffen sein. Ebensowenig können die mit heiligen Dingen umgehen oder die Geheimnisse des Himmels lehren, deren Hände mit Blut befleckt sind oder deren Mund durch Fleisch verunreinigt ist."

Hat Jesus nur die damaligen Menschen angesprochen, oder gelten Seine Worte auch heute noch?

Es geht also nicht nur um unsere Worte als solche, sondern um die Keime in ihnen, um das, was wir in unsere Worte, aber auch in unsere Gedanken oder unsere Gefühle und Wünsche hineinlegen. Die Keime unserer Verhaltensweisen befinden sich im Unterbewußtsein, von dem wir vielfach sagen, es sei das Unbewußte. Das Unbewußte kann uns jedoch bewußt werden - dann, wenn wir bewußt leben, indem wir unsere Verhaltensweisen hinterfragen, z.B.: W a r u m sage oder tue ich das? Was fühle und denke ich, während ich rede? Wem soll das, was ich vorhabe, nützen?

Wir Menschen reden und reden und wissen vielfach nicht, was wir wirklich sagen, und auch nicht, wer wir sind. Die Keime in unseren Worten, unsere darin verborgenen Gefühle und wahren Absichten, prägen und bestimmen unser irdisches Dasein. Sie wirken in jeder Zelle unseres Leibes, in sämtlichen Bausteinen unseres Körpers.

Jesus sprach auch: *Du sollst den Herrn, deinen Gott, lieben von ganzem Herzen, von ganzer Seele und von ganzem Gemüt.* Das *ist das höchste und größte Gebot; das andere aber ist dem gleich: Du sollst deinen Nächsten lieben wie dich selbst.*

An wen sind diese Worte gerichtet? Sprach Er auch zu uns von der Nächstenliebe oder nur zu denjenigen, die scheinbar uns ärgern? Ja, kann uns überhaupt ein Mensch ärgern, gleich erregen, wenn wir ihn so lieben würden, wie wir uns lieben? Ich wiederhole die Worte Jesu: *Du sollst den Herrn, deinen Gott, lieben von ganzem Herzen, von ganzer Seele und von ganzem Gemüt.* Und: *Du sollst deinen Nächsten lieben wie dich selbst.*

Gelten diese Seine Worte heute nicht mehr?

Im Laufe unseres Erdenlebens haben wir mit vielen Menschen zu tun. Folgendes kann sich ereignen:

Wir begegnen diesem und jenem; wir sehen sie und hören sie reden. Am Arbeitsplatz gibt es viele Gespräche; unterschiedliche Standpunkte sind in Übereinstimmung zu bringen, Entscheidungen zu treffen und anderes mehr. Wir bleiben ausgewogen und ruhig; es gibt keine Anzeichen von Neid, Mißgunst, Abwertung und dergleichen. Plötzlich jedoch taucht ein Mensch auf, den wir nicht einmal kennen; wir blicken ihn irritiert an, und obwohl wir über ihn und sein Leben so gut wie nichts wissen, urteilen und richten wir über ihn. Was ist abgelaufen? Eventuell besitzt dieser Mensch etwas, das wir schon längst haben wollen und nicht bekommen, oder etwas, das unser Mißfallen erregt. Das, woran wir bei diesem Menschen Anstoß nehmen, löst in uns also eine mehr oder weniger heftige Reaktion aus. Was in uns wurde angestoßen? Entsprechendes - eine „Entsprechung". Die Gesetzmäßigkeit *Gleiches oder Ähnliches zieht wieder Gleiches oder Ähnliches an* kam zum Tragen.

Was uns am Nächsten ärgert oder aufregt, zeigt uns: In uns liegt Gleiches oder Ähnliches vor wie das, was der andere ausstrahlt. Es sind unsere Entsprechungen, es entspricht unseren Verhaltensweisen.

Es ist möglich, daß wir mit diesem Menschen aus Vorexistenzen etwas zu bereinigen haben, um die Dunkelheit unserer Seele zu entmachten und frei zu werden für das Leben im Geiste des Lichtes. Was es auch ist – es hat uns getroffen. Wir sollten u n s e r e n Balken erkennen und ihn mit der Hilfe der mächtigen Kraft in uns bereinigen.

Machen wir uns bewußt: Alles beruht auf Anziehung. Das gilt sowohl für das Göttliche als auch für das Dunkle, das Allzumenschliche. Die göttliche Einheit ist Liebe und zieht wieder Liebe an, der göttliche Friede wiederum Frieden, Harmonie wiederum Harmonie. Das Gegensätzliche ist der Unfriede; er zieht wieder Unfrieden an, Lieblosigkeit wieder Liebloses, Hartherziges wieder Hartherziges, Neid und Mißgunst wiederum Neid und Mißgunst, Habgier zieht wieder Habgier an, Hochmut prallt auf Hochmütige, Besserwisser auf

Besserwisser. Unsere Wunschwelt zieht wieder Menschen mit gleichen oder ähnlichen Wünschen an. Auch Mord, Totschlag, Quälen und Töten von Tieren bis hin zum Verzehr von Fleisch – alles beruht auf dem gleichen Prinzip: Was uns entspricht, das ziehen wir an.

Wer sich der Selbstkontrolle unterzieht, dem stellt sich immer das „Warum denke und handle ich so" in den Weg. Die Kenntnis von der Gesetzmäßigkeit der Anziehung des Gleichartigen kann uns für die Selbsterkenntnis eine große Hilfe sein. Wer das erkannte Gegensätzliche bereut, bereinigt und nicht mehr tut, der findet zur göttlichen Einheit, die Liebe ist.

Machen wir uns also ernsthaft bewußt, daß jeder Gedanke und jedes Wort, das von uns ausgeht, wieder das anzieht, was es beinhaltet. Die Inhalte gehen in unser Ober- und Unterbewußtsein ein. Sie prägen unseren Körper und sind Ausdruck unseres Verhaltens. Ob uns bewußt ist oder unbewußt, was unser Leib trägt, es ist in unserer Seele gespeichert und ebenfalls in den entsprechenden Speichersternen des materiellen Kosmos und in den feinerstofflichen Bereichen, den Reinigungsebenen. Deshalb sind wir – jeder einzelne von uns – der Mikrokosmos im Makrokosmos, denn wir sind durch unsere Speicherungen an die Makrokosmen materieller Kosmos und feinerstofflicher Kosmos angeschlossen.

Wir Menschen denken und denken, wir reden und reden, wir arbeiten und wissen oftmals nicht, was sich hinter unseren Gedanken und schöngefärbten Worten verbirgt. Uns ist aber auch nicht bewußt, was wir während einer Tätigkeit so nebenbei alles überlegen und denken, daß wir z.B. eventuell am Stuhlbein eines Arbeitskollegen sägen, damit der Erfolg einer bestimmten Arbeit uns zugeschrieben wird. Unsere Hände vollziehen die gewohnten Bewegungen, ein Teil unseres Bewußtseins läuft in den von der Aufgabe vorgezeichneten Bahnen – der Rest kreist unkontrolliert um unsere persönlichen Belange und darum, wie wir diesen zu weiterer Geltung verhelfen können. Unser Denken und Verhalten ist vielfach autonom; es läuft wie von selbst. Am Abend meinen wir unter

Umständen noch allen Ernstes, wir hätten durchweg konzentriert unsere Arbeit getan.

Wer mit seinen Gedanken ständig unterwegs ist und nicht gerade freundlich über andere denkt oder spricht, der verkrampft sein Nervensystem und vergiftet den Lebenssaft, das Blut seines Körpers, aber auch seine Organe. Unsere negativen Verhaltensweisen bewirken oftmals den Streß, der uns kaum mehr eine Erholung gönnt, denn wir denken, denken, reden, reden, handeln und handeln ohne Unterlaß. Dadurch lassen wir uns von unseren Eingaben im Unterbewußtsein steuern und wissen nicht, wohin es uns lenkt.

Weil wir uns nicht kennen, da wir uns nicht hinterfragen, glauben wir, wir wären positiv gestimmt. Erkrankt der überstreßte Körper, dann sind „die anderen" schuld, die uns, wie wir sagen, das Leben schwer machen. In Wahrheit sind die Schuldigen immer nur wir, denn auf uns kommt nur das zu, was wir selbst in Gefühlen, Empfindungen, Gedanken, Worten und Handlungen ausgesendet haben.

In der nachfolgenden *Meditativen Versenkung, um gesund zu werden oder gesund zu bleiben*, erstellen wir mit dem Pinsel unserer Gedanken eine positive Matrix. Es ist eine Matrize, ein meditatives Bild, in das wir Frieden, Harmonie und Gesundheit hineindenken. Das Bildnis auf der Matrize ergibt einen positiven, gesunden, lebensfreudigen, harmonischen und glücklichen Menschen, der uns als Vorbild dienen könnte.

Das positive Vorbild auf der Matrize kann auch als neues, vollkommenes Kleid Inneren Lebens gesehen werden, das wir uns bildhaft entweder überstülpen oder auf unseren Körper legen in der Frage: Sind wir so, wie es das Vorbild aufzeigt? Sind wir der lebensfreudige und gesunde Mensch?

In dieser meditativen Versenkung beginnen wir, auf der Matrize unser Vorbild, den neuen und gesunden Menschen, vom Haupt her gleichsam anzufertigen, denn im Haupt befindet sich das Gehirn, der Sitz des Ober- und Unterbewußtseins, die Speicher- und Informationsquelle für den ganzen Menschen.

Um uns bei der *Meditativen Versenkung zur Erlangung der Ganzheitsheilung oder um gesund zu bleiben* tiefer versenken zu können, nehmen wir eine aufrechte Sitzhaltung ein. Beide Füße stellen wir auf den Boden, die Handrücken legen wir auf unsere Oberschenkel. Nun ziehen wir beide Hände näher an unseren Körper heran. Unser Haupt halten wir gerade.

Um uns besser entspannen und verinnerlichen zu können, halten wir im Folgenden immer wieder einmal inne und schließen unsere Augen, damit die Worte, die wir lesen, in uns nachschwingen und nachwirken können. Dazu können Sie etwas ruhige Musik hören.

Wir konzentrieren uns als erstes auf unseren Atem.

Wir beobachten unseren Atem, wie er kommt und geht,
kommt und geht.

Bleiben Sie auf Ihren Atem konzentriert.

Je bewußter Sie atmen, um so ruhiger werden Sie.

Während Ihrer bewußten Atmung nehmen drängende, bestimmende, grüblerische, zweiflerische und schwermütige Gedanken von Ihnen Abstand.

Atmen Sie also bewußt ein und aus,
ein und aus.

Bleiben Sie auf Ihren Atem konzentriert, dann weicht das, was Sie unruhig macht.

Je ruhiger Sie werden, um so mehr entspannt sich Ihr Nervensystem, und Ihr Atem geht tiefer.

Nun atmen Sie ruhig und tief.
Ruhig und tief geht Ihr Atem.
Dabei erholt sich Ihr Körper. Aus dem ruhigen und tiefen Atemstrom nehmen die Organe Ihres Körpers vermehrt die Lebenssubstanzen auf, die Sie benötigen. Auch Ihr eventuell gestreßtes Nervensystem erholt sich.
Sie sind auf Ihren Atem konzentriert.
Sie werden ruhig. Sie entspannen sich und geben sich nun ganz allmählich der meditativen Versenkung hin.

Ruhig und tief geht Ihr Atem.
Sie atmen ruhig und tief.
Das Nervensystem ist entspannt.
Sie sind entspannt.
Ruhig und tief geht Ihr Atem.

Ruhig und tief geht Ihr Atem.
Ihre Nerven sind entspannt.
Atmen Sie bewußt, und hören Sie etwas leise Musik.
Bleiben Sie in dieser Entspannung.

Nun lassen wir es atmen. Bleiben Sie ruhig und ganz entspannt.

Vor Ihrem inneren Auge entsteht eine Matrize, ein Schaubild, auf dem die Umrisse eines Menschen zu sehen sind.

Mit positiven Gefühlen und Heilgedanken bauen wir diesen Menschen auf und aus. Wir erstellen bildhaft einen Lichtmenschen, ein Bildnis der Gesundheit und vollkommener Harmonie, ein Vorbild, das uns helfen könnte, uns besser zu erkennen.

Wir füllen nun die Umrisse des Matrix-Menschen aus.

Wir beginnen beim Haupt.

Im Haupt befindet sich unter anderem das Gehirn mit Groß- und Kleinhirn, und im Gehirn das Ober- und Unterbewußtsein.

Das Gehirn mit seinem Ober- und Unterbewußtsein ist der Befehlsgeber für den gesamten Körper und der Befehlsempfänger der Impulse, die von den Bausteinen des Leibes kommen.

Wir nehmen wahr: Der Speicher im Groß- und Kleinhirn des Matrix-Menschen strahlt die Verbundenheit mit allen Menschen aus. Das Ober- und Unterbewußtsein im Matrix-Menschen ist eine Quelle des Friedens in der Familie, mit den Kollegen und Kolleginnen, mit allen Menschen.

Im Gehirn ist die Speicherung des Verlaufs der Lebensprogramme, mit denen der Mensch agiert, sowohl im Privatleben als auch im Beruf; es ist die Landkarte des irdischen Daseins.

Das Gehirn leuchtet. Jede Gehirnzelle ist ausgewogen und in Einheit mit dem Makrokosmos und mit dem Göttlichen in allen Menschen. Der ganze Matrix-Mensch ist eine einzige Quelle des Friedens, der Harmonie und Liebe, auch gegenüber den Naturreichen, den Pflanzen, Mineralien und Tieren.

Sämtliche Geschehnisse und Ereignisse im Tagesverlauf, alle Lebenssituationen, auch Gespräche, vollziehen sich in Übereinstimmung mit den Prinzipien Gleichheit, Freiheit, Einheit, Brüderlichkeit und Gerechtigkeit.

Jede Zelle des Gehirns atmet Frieden und Harmonie.

Im Haupt befinden sich auch die Zirbeldrüse und die Hirnanhangdrüse. In der Nähe der Hirnanhangdrüse ist der Sitz der Seele, die im Matrix-Menschen licht- und kraftvoll ist.

Das Ober- und Unterbewußtsein ist durchdrungen vom All-Sein, GOTT.

Im Haupt des Matrix-Menschen sind die lichtdurchfluteten Augen, ein Organ, das, wie alle Organe, seine spezifische Aufgabe erfüllt und durchdrungen ist vom Licht der Wahrheit und des Friedens.

Das Auge schaut den Nächsten im Angesicht der Verbundenheit, der inneren Liebe und des Friedens.

Das Auge des Matrix-Menschen blickt tiefer und erfaßt die Worte der Mitmenschen. Es sieht Schönheit auch in den materieumkleideten Lebensformen und schaut die innere Kraft, das Wesen, das aus Gott ist.

Durch die positive Speicherung im Gehirn nimmt das Gehör Töne des Friedens und der Harmonie wahr.

Auch der Geruchs- und Geschmackssinn ist erfüllt von dem Duft, der dem Lichtmenschen eigen ist. Es drängt nichts. Es besteht kein Wollen und keine Gier. Der Geruchs- und Geschmackssinn ist ausgewogen. Der Mensch nimmt als Nahrung und Getränk das zu sich, was gut ist für seinen Körper.

Das Ober- und Unterbewußtsein ist eine einzige Informationsquelle der Gesundheit, des Friedens und der Harmonie. Die positiven Kräfte, die vom Gehirn ausgehen, wirken in allen Systemen des Körpers und sind mit weiteren Systemkreisen des Leibes aktiv verbunden und in voller Harmonie. Vom Gehirn gehen Kraftimpulse aus, die den ganzen Matrix-Menschen erfüllen.

Der Matrix-Mensch ist unser Vorbild des Friedens, der Harmonie, der Gesundheit, der Freude und des Glücks.

Durch den ganzen Körper des Matrix-Menschen ziehen die Nerven. Überall sehen wir Muskeln. Das gesamte Nervensystem dieses Körpers strahlt Harmonie, also Entspannung aus. Jede Muskelfaser ist entspannt. Jede Nervenfaser ist eins mit dem lichten Groß- und Kleinhirn.

Jede Nervenzelle trägt den Impuls des Friedens, der Harmonie und der Entspannung.

Jeder Reflex ist Harmonie.

Die fünf Sinne sind in voller Harmonie, ausgewogen und eins mit allen Zellen und Zellverbänden, mit jedem Zellkern in jeder Zelle.

Der Mensch auf der Matrix nimmt mehr und mehr Form an.

Jeder Zahn ist im Gehirn gespeichert, die Zunge, die Speiseröhre, die Mandeln, der Kehlkopf. Sämtliche Substanzen des Leibes sind im Speichersystem, im Gehirn, vorhanden und sind auf diese mächtige Schaltstelle ausgerichtet.

Der Thymus, die Lunge, das Herz, die Nieren, die Leber, der Magen, die Bauchspeicheldrüse, die Milz, der Dick- und Dünndarm, alle Unterleibsorgane - alles steht in Kommunikation mit der mächtigen Informationsquelle, dem Gehirn.

Jeder Zellkern in jeder Zelle des Körpers sendet Frieden und Einheit und wirkt in Einklang mit der positiven Informationsquelle, dem Gehirn.

Jeder Zellkern in jeder Zelle reguliert in voller Harmonie die Zelle. Er steht in positiver Kommunikation mit dem Gehirn.

Jedes Organ des Körpers, das aus verschiedenen Gewebearten besteht, die untereinander ihre spezifischen Aufgaben haben, erfüllt diese in voller Übereinstimmung mit der Informationsquelle, dem Gehirn.

Das Blut, der leuchtende Farbstoff, trägt die Informationen Gesundheit und Harmonie.

Vitamine, Mineralstoffe, Spurenelemente - alles ist ausgewogen und in Harmonie mit der Lichtquelle, dem Gehirn.

Blut- und Lymphgefäße arbeiten in voller Harmonie und in Einklang mit der Quelle der Kraft, dem Impulsgeber, dem Gehirn.

Die Knochen und das Knochenmark sind gesund und arbeiten im Rhythmus des Impulsgebers, des Gehirns.

Jeder Lichtimpuls aus dem leuchtenden Gehirn ist eine Information für bestimmte Zellkerne, welche die Information weiterleiten.

Der gesamte Matrix-Mensch ist eine einzige Quelle der Harmonie.

Alles im Körper ist Information, gleich Kommunikation. Die Information geht vom Gehirn zu allen Zellkernen, die sie an die entsprechende Systemkette oder Systemketten weiterleiten.

Das Ober- und Unterbewußtsein ist durchdrungen vom All-Sein, Gott.

Der Atem des Matrix-Menschen durchströmt alle Blut- und Lymphgefäße, sämtliche Nervenzellen, Knochen, Muskeln, Sehnen und Bänder. Alle Organe, alle Teile und Teilchen des Körpers sind durchatmet vom mächtigen Licht, von der Quelle der Information, vom Gehirn.

Bleiben Sie ruhig, ganz ruhig.

Atmen Sie tief, so, wie auch das Schaubild atmet, das Ihr Leitbild werden könnte.

Der ganze Aufbau des Matrix-Menschen beruht auf einem exakten Informationssystem.

Betrachten Sie den Matrix-Menschen: ein schöner, ausgewogener Körper, das Antlitz strahlt ruhig und ebenmäßig, die Bewegungen sind vollkommene Harmonie. Er strahlt Gesundheit, Lebenskraft und Frohsinn aus; er ist geistig dynamisch, aktiv und erfolgreich.

Betrachten Sie den Matrix-Menschen. Schauen Sie ihn genau an, doch bleiben Sie ruhig; atmen Sie tief und entspannt. Dabei können Sie leise Musik hören.

Wenn Sie wollen, nehmen Sie, bildhaft gesprochen, den Matrix-Menschen, und legen Sie das Bild auf Ihren Körper, oder stülpen Sie es Ihrem Körper über wie ein Kleid.

Das Schaubild, gleich Vorbild, könnte Ihr Leitbild werden. Der Matrix-Mensch stellt Ihnen folgende Frage:

Sind Sie, wie ich bin?
Sind Sie ein leuchtendes Beispiel der Gesundheit und der Kraft?
Sind Sie, so wie ich, in Einheit mit Ihren Mitmenschen? Sind Sie mit ihnen in Frieden und Harmonie?
Sind Sie, wie ich, in Ausgewogenheit mit Ihren Arbeitskollegen und -kolleginnen?

Die Matrize, das Schau- gleich Vorbild, könnte auch unser Gewissen sein, das in unseren jeweiligen Tag, in die Tagesenergie, hineinspricht, um uns darauf aufmerksam zu machen, was wir heute und jetzt an Ungutem, an Sündhaftem, erkennen und mit der Hilfe des Inneren Lichtes lösen, also bereuen und bereinigen sollen.

Unser Schaubild, unser Vorbild, spricht weiter:

Sind Ihre Worte gefüllt mit dem Leben, das ich bin?

Das Gehirn aus dem Schaubild signalisiert:

Ich bin positive Information.

Jedes Teilchen des Schaubildes, des Matrix-Menschen, spricht zu uns und regt unser Denken an.

Lassen Sie es geschehen; bleiben Sie ruhig.

Lassen Sie Ihren Atem ruhig und tief strömen, und lassen Sie es zu, daß Ihr Gehirn, Ihr Gehör-, Ihr Geruchs- und Geschmackssinn, Ihre Organe, die Lymph- und Blutgefäße, die Knochen, die Knochensubstanz, alle Inhalte des Körpers, natürlich auch die Hautzellen, zu Ihnen sprechen.

Sämtliche Bausteine des Leibes senden unermüdlich Signale. Was haben Ihnen die Bausteine Ihres Körpers mitzuteilen?

Lauschen Sie in Ihren Körper hinein, und empfangen Sie die Informationen aus dem Gehirn, denn alle Funktionen des Leibes teilen sich dem Gehirn mit; das Gehirn legt es in unsere Gefühls- und Gedankenwelt, legt es in unser Gewissen.

Lauschen Sie nach innen. Hören Sie, was Ihr Körper, Ihr Gewissen, Ihnen zu sagen hat.

Während Sie Ihr Gewissen, gleich Ihren Körper, befragen, hören Sie, wenn Sie möchten, leise Musik.

Wollen Sie ganzheitlich gesund werden oder ganzheitlich gesund bleiben, dann schalten Sie den Inneren Arzt und Heiler, Christus in Ihnen, ein. Bitten Sie Ihn um Beistand und um Hilfe, damit Sie Ihre Fehlhaltungen genauer erkennen, ja in Bildern betrachten können, um Allzumenschliches zu bereuen und zu bereinigen.

Machen wir uns bewußt: Dann, wenn wir gleiches und ähnliches Fehlverhalten nicht mehr tun, entwickelt sich das heilende Licht in unserer Seele und strahlt in unseren Körper. Es aktiviert die Selbstheilungskräfte, so daß der Innere Arzt und Heiler über die Selbstheilungskräfte im Körper die Heilung vorzunehmen vermag.

Lassen Sie sich Zeit, viel Zeit, Ihre Bilder anzusehen, das, was Ihnen das Gewissen, Ihre Gefühle und Gedanken signalisieren.

Hören Sie währenddessen leise Musik.

Wollen Sie Ihr Fehlverhalten bereinigen, dann bereuen Sie Ihren Anteil an dem, was zugrunde liegt.

Bitten Sie in Gedanken die betroffenen Menschen, Tiere, Pflanzen, Mineralien um Vergebung, also jene Menschen und jene Lebensformen, gegen die Sie sich versündigt haben.

Haben Menschen Ihnen unrecht getan, vergeben Sie ihnen. Ihr eigenes Fehlverhalten jedoch sollten Sie nicht mehr tun.

Und so Sie noch einiges gutmachen können, tun Sie dies nach der meditativen Versenkung.

Ganzheitsheilung bedarf des Mitwirkens des Heilungsuchenden.

Wenn Sie wollen, wirken Sie in Verbindung mit dem Inneren Arzt und Heiler mit, die Selbstheilungskräfte zu aktivieren, und legen die rechte Hand auf den Teil Ihres Körpers, dem Sie die Heilkräfte zudenken wollen. Ich spreche jetzt nicht von Krankheit, sondern von schwachen Stellen im oder am physischen Leib.

Die Ganzheitsheilung ist im Gange.

Was Sie bereuen und bereinigten und nicht mehr tun, wandelt sich in der Seele in Licht und Kraft um; es ist die Aktion des heilenden Lichtes, das in den Körper strahlt und die Heilung im Körper vornimmt, so es gut ist für die Seele.

Lassen Sie das geschehen.

Konzentrieren Sie sich nun auf die schwache Stelle Ihres Leibes, auf der Ihre rechte Hand liegt. Sie selbst sind beim Vorgang des Inneren Heilens, der Ganzheitsheilung, beteiligt.

Es heilt.

Es heilt.

In Ihrem Körper wird es warm.

In dem Körperteil, auf dem Ihre rechte Hand liegt, beginnt es intensiv zu strahlen.

Die Zellen kommen in Bewegung.

Schadhafte Stoffe und kranke Zellen nehmen den Weg der Ausscheidung. Das heilende Licht baut gesunde Zellen auf und harmonisiert den Körper. Ihr Körper nimmt die Kommunikation zu Ihrem Vorbild auf – dem Matrix-Menschen –, zu Ihrem Leitbild, das auf Ihrem Körper liegt oder das Sie übergestülpt haben.

Der Matrix-Mensch signalisiert Licht, Kraft, Gesundheit, Frieden, Freude und Harmonie.

Die Kräfte des Heils strömen. Das Lichtwerden der Seele und die Heilung des Körpers vollziehen sich.

Es heilt.
Es heilt.

Bleiben Sie ruhig, ganz ruhig und auf den Körperteil Ihrer Wahl konzentriert, auf dem Ihre rechte Hand liegt.

Fühlen Sie mehr und mehr in Ihren Körper hinein. Ja, versenken Sie sich mit positiven Gedanken in Ihren Körper. Lassen Sie Christus in Ihrer Seele und in Ihrem Leib wirken.

Schöpfen Sie Vertrauen aus der Quelle ewiger Liebe.

Schöpfen Sie Hoffnung aus der Quelle ewigen Seins.

Schöpfen Sie Zuversicht aus der Quelle ewigen Friedens.

Es heilt.
Es heilt.

Bleiben Sie konzentriert.

Machen Sie mit beim Vorgang der Ganzheitsheilung.

Es heilt.
Es heilt.

Lassen Sie die Heilkraft strömen, und hören Sie dabei leise Musik.

Nun nehmen Sie Ihre rechte Hand zurück. Der Handrücken ruht wieder auf dem rechten Oberschenkel. Konzentrieren Sie sich auf Ihre Atmung. Bleiben Sie bemüht, tief und ruhig zu atmen.

Nehmen Sie nun wieder Kontakt mit dem positiven Licht-Matrix-Menschen auf, der alle positiven Kräfte in sich vereint. Es ist das positive Bildnis eines glücklichen, liebevollen, gesunden, harmonischen und friedfertigen Menschen.

Lauschen Sie nun auf die Kommunikation zwischen Ihrem Körper und dem Matrix-Menschen, Ihrem Leitbild.

Was hat Ihnen der Matrix-Mensch zu sagen?

Hören Sie in die Kommunikation zwischen Ihrem physischen Körper und dem Matrix-Menschen hinein.

Hören Sie dabei leise Musik.

Der lichte Mensch auf der Matrize hat Ihre Gedankenwelt und vor allem Ihr Gewissen angeregt. Jetzt versenken Sie sich in Ihren Körper, um zu vernehmen, was Ihr Gewissen Ihnen zu sagen hat. Es ist die Sprache Ihrer Organe, Ihrer Blut- und Lymphgefäße, der Knochensubstanz, der Hormone und Drüsen. Alle Funktionen des Leibes, die heute der Hilfe bedürfen, geben Ihnen Antwort über Ihr Gewissen.

Nehmen Sie Ihr Gewissen über Ihr Gehirn wahr, in Ihrer Gefühls- und Gedankenwelt. Hören Sie dabei leise Musik.

Ihr Ober- und Unterbewußtsein, Ihr Körper spricht zu Ihnen über Ihr Gewissen.

Alle Ihre Eingaben sind im Ober- und Unterbewußtsein, aber auch in Ihrer Seele als Bilder gespeichert. Infolgedessen kommen sie auch wieder als Bilder auf Sie zu.

Erleben Sie das, was Ihnen der Tag heute in Bildern sagen möchte. Schauen Sie in die Bilder hinein, und Sie erfahren, was Sie heute und jetzt bereuen und bereinigen können, und so Sie dieses Fehlverhalten bereinigen und nicht mehr tun, lichtet sich Ihre Seele. Dadurch geben Sie dem heilenden Licht die Möglichkeit, in Ihrem Körper zu wirken, die Selbstheilungskräfte zu aktivieren, auf daß diese die Heilung des Leibes vollziehen. Das ist Ganzheitsheilung.

Bitten Sie das Innere Licht, den Christus Gottes, den mächtigen Weltall-Geist, um Beistand und um Hilfe, und Sie empfangen die Hilfe des Inneren Lichtes.

So Sie wollen, schauen Sie die aufgestiegenen Bilder Ihrer Vergangenheit an. Betrachten Sie Ihr Verhalten und Ihr Tun, und so Sie bereuen und bereinigen wollen, dann haben Sie dabei die Hilfe des mächtigen Geistes der Liebe, des Christus Gottes.

Nehmen Sie sich Zeit, Ihre aufgestiegenen Bilder zu betrachten oder aktive Gedanken zu hinterfragen, was deren Inhalte sind.

Bereuen und bereinigen Sie Ihre erkannten Fehlhaltungen. Tun Sie das mit der Hilfe des mächtigen Lichtes.

Dabei können Sie leise Musik hören.

Nun legen Sie Ihre rechte Hand auf den Körperteil Ihrer Wahl, dem Sie die Heilung und die Lebenskraft zudenken.

Versenken Sie sich in Ihren Körper. Konzentrieren Sie sich auf den Teil, welcher der Hilfe und der Stärke bedarf, und bejahen Sie den Vorgang der Ganzheitsheilung.

Christus wirkt in Ihnen.

Das heilende, helfende und stärkende Licht strahlt durch Ihre Seele in Ihren Körper. Es wirkt durch Ihre Selbstheilungskräfte und bewirkt das in Ihrem Körper, was gut ist für Ihre Seele.

Es heilt.

Es heilt.

Es stärkt.

Es stärkt.

Es harmonisiert.

Es harmonisiert.

Ausgewogen und lichtstark ist die Seele, ausgewogen und in Harmonie der Körper.

Bleiben Sie auf den Teil Ihres Körpers konzentriert, auf dem Ihre rechte Hand liegt.

Freude, Friede, Stärke, Harmonie und Heilung wirken in Seele und Leib.

Lassen Sie es geschehen.

Lassen Sie Christus in Seele und Leib wirken.

Bleiben Sie in der meditativen Versenkung, konzentriert auf den Teil Ihres Körpers, auf dem Ihre rechte Hand liegt. Sie fühlen das Wirken des Heiligen Geistes.

Lassen Sie das Licht Gottes wirksam sein.

Hören Sie dabei leise Musik.

Nun legen Sie Ihre rechte Hand wieder zurück, der Handrücken ruht auf dem rechten Oberschenkel. Bleiben Sie in der meditativen Versenkung in Seele und Leib.

Der Atem geht ruhig und tief.

Ihr Körper ist in Harmonie.

Die Seele ist kraft- und lichtvoll; der Leib empfängt die Kraft des Heils.

Ihr Atem geht ruhig und tief.

Seele und Mensch sind in Harmonie.

Friede und Liebe durchziehen Seele und Leib.

Die Ganzheitsheilung wirkt; sie stärkt, sie spendet Frieden, Einheit, Glück und Freude.

Alle diese positiven Kräfte befinden sich im Schaubild, im Matrix-Menschen, der Ihr Leitbild sein könnte. Das Schaubild positiver Lebenskraft steht nun bildhaft vor Ihnen. Lassen Sie dieses positive Vorbild nicht zurück, sondern nehmen Sie es mit in Ihren Alltag, mit in Ihr Erdenleben.

Wollen wir gesund werden oder gesund bleiben, dann müssen wir alle Zellsysteme in Harmonie bringen, denn alle Zellen und Zellsysteme wirken zusammen.

Der Mensch auf Ihrer Matrize, der Matrix-Mensch, könnte Ihnen ein guter Helfer sein, denn er symbolisiert die Lichtquelle vollkommenen Lebens, die Gesundheit, das Glück und das Wohlergehen. Wenn Sie wollen, nehmen Sie dieses Schaubild, die Lichtquelle vollkommenen Lebens, in Ihr Herz auf, dann haben Sie ein Vorbild vollkommener Liebe, von Harmonie, Frieden, Gesundheit und Glück immer bei sich. Immer dann, wenn die Tage zu Ihnen sprechen und Sie in Bewegung versetzen, damit Sie Ihr Allzumenschliches, Ihr Sündhaftes, erkennen, um es zu bereuen und zu bereinigen, dann erinnern Sie sich an Ihren Matrix-Menschen, an das Vorbild vollkommenen Lebens, das Sie in Ihrem Herzen tragen und dem Sie zustreben, um zu werden, wie Gott Sie will: gesund, kraftvoll, harmonisch, glücklich, friedvoll und in Ihrem Erdendasein erfolgreich.

Wird es Ihnen zum Bedürfnis, sich immer wieder in die meditative Versenkung zu begeben, um gesund zu werden oder gesund zu bleiben, dann fühlen Sie sehr bald, was Ganzheitsheilung oder ganzheitlich Gesundsein bedeutet.

Wer mit der Hilfe des Inneren Lichtes, das auch das heilende Licht ist, die Schatten in seiner Seele löst, damit die Ganzheitsheilung vollzogen werden kann, oder wer dadurch gesund bleibt, der erkennt die Wirksamkeit des Christus Gottes darin, daß er glücklicher und zufriedener wird. Er fühlt sich geborgen in Gott und entwickelt die Stärke in dem Bewußtsein, daß in ihm die mächtige Kraftquelle des Heils fließt, die Gesundheit bringt und gesund erhält.

Ich wünsche Ihnen viel, viel Licht und den Segen des Lichtes, das in jedem von uns leuchtet.

Anhang

Bücher und CDs/Cassetten

Der Matrix-Mensch
Leitbild zur Gesundheit

CD, mit 24seitigem Büchlein, DM/SFr 29,80, ÖS 218,-
MC, mit 24seitigem Büchlein, DM/SFr 21,80, ÖS 159,-

Der Matrix-Mensch
Leitbild zur Ruhe

CD, mit 24seitigem Büchlein, DM/SFr 29,80, ÖS 218,-
MC, mit 24seitigem Büchlein, DM/SFr 21,80, ÖS 159,-

Sind Sie der, für den Sie sich halten?
Eine Betrachtung mit Musik

*Buch, 64 S., geb., mit Musik-**CD***
Best.-Nr. S 332, DM/SFr 38,50, ÖS 281,-

*Buch, 64 S., geb., mit Musik-**Cassette***
Best.-Nr. S 333, DM/SFr 38,50, ÖS 281,-

Du selbst bist Deine Krankheit und Deine Gesundheit. Doch GOTT ist mit Dir

156 S., kart., Best.-Nr. S 501, DM/SFr 19,80, ÖS 145,-

Gott heilt

94 S., kart., Best.-Nr. S 309, DM/SFr 9,80, ÖS 72,-

Ursache und Entstehung aller Krankheiten

Diese große Christus-Offenbarung gibt Einblick in die tiefsten geistigen Zusammenhänge der reinen Schöpfung und in die Vorgänge der Entstehung der Materie und des menschlichen Körpers. Wir erfahren auch, wie wir durch ein entsprechendes Denken und Leben über die Begrenzungen des ichbezogenen menschlichen Daseins hinauswachsen und in das kosmische Bewußtsein gelangen können. »Gesundheit, Glück und Freiheit liegen in uns selbst. Diese Offenbarung des Herrn zeigt uns den Weg dorthin.«

Christus gibt uns konkrete Hilfen und Hinweise, auch zur rechten Lebensführung und zum Umgang mit der Natur. Dieses Buch ist eine unerschöpfliche Quelle der Hilfe auf dem Weg zur Ganzheitsheilung.

Buch 348 S., geb., Best.-Nr. S 117, DM/SFr 35,-, ÖS 256,-

Mit Gott lebt sich's leichter

162 S., kart., Best.-Nr. S 308, DM/SFr 19,80, ÖS 145,-

Das ist Mein Wort. A und Ω

Das Evangelium Jesu

Die Christus-Offenbarung, welche inzwischen die wahren Christen in aller Welt kennen

1104 S., geb., Best.-Nr. S 007, DM/SFr 25,-, ÖS 183,-

Auch in vielen weiteren Sprachen

Kostenlos erhältlich: 48seitige Leseprobe mit Auszügen aus dem Buch

Die großen kosmischen Lehren des Jesus von Nazareth an Seine Apostel und Jünger, die es fassen konnten

224 S., kart., Best.-Nr. S 136, DM/SFr 13,80, ÖS 101,-

Die großen kosmischen Lehren des Jesus von Nazareth an Seine Apostel und Jünger, die es fassen konnten

mit Erläuterungen von Gabriele

Band 1: 256 S., geb., Best.-Nr. S 317, DM/SFr 35,-, ÖS 256,-
Band 2: 270 S., geb., Best.-Nr. S 319, DM/SFr 35,-, ÖS 256,-
Band 3: 256 S., geb., Best.-Nr. S 320, DM/SFr 35,-, ÖS 256,-
Band 4: 262 S., geb., Best.-Nr. S 321, DM/SFr 35,-, ÖS 256,-
Band 5: 336 S., geb., Best.-Nr. S 322, DM/SFr 35,-, ÖS 256,-

Der Allgeist, GOTT, spricht unmittelbar durch Seine Prophetin in unsere Zeit hinein

Er spricht nicht das Bibelwort

Seit über 25 Jahren schenkt der Allgeist, GOTT, uns Menschen Sein Wort in unzähligen Offenbarungen durch Gabriele, Seine Prophetin und Botschafterin. Aus dem großen Schatz dieser göttlichen Offenbarungen sind 14 ausgewählt und in dem vorliegenden Band erstmals schriftlich veröffentlicht.

272 S., geb., Best.-Nr. S 137, DM/SFr 35,-, ÖS 256,-

Eine Liste der als Cassette veröffentlichten Offenbarungen aus dieser Reihe senden wir Ihnen auf Wunsch gerne zu.

Der Richter:
Und es ist doch GOTT, der Ewige
Die Wahrheit über Gabriele, die Prophetin Gottes
126 S., geb., Best.-Nr. S 431, DM/SFr 22,80, ÖS 166,-

Die Kosmische Uhr
und das Netzwerk Deiner Haut
Dein Schicksal liegt in Deiner Hand
188 S., geb., Best.-Nr. S 328, DM/SFr 38,50, ÖS 281,-

Dein Leben im Diesseits
ist Dein Leben im Jenseits
136 S., kart., Best.-Nr. S 316, DM/SFr 20,-, ÖS 146,-

Lebe den Augenblick -
und Du siehst und erkennst Dich
88 S., kart., Best.-Nr. S 315, DM/SFr 15,80, ÖS 115,-

GOTT möchte für Dich das Beste
Dein Begleiter durch das Jahr
416 S., geb., Format 10,5 x 15 cm, Best.-Nr. S 331
DM/SFr 23,80, ÖS 174,-

Aufschlagen und sich finden
Die Fundgrube meines Daseins
154 S., geb., Format 10,5 x 15 cm, Best.-Nr. S 334
DM/SFr 19,80, ÖS 145,-

Die genannten Bücher
erhalten Sie direkt beim Verlag DAS WORT
und im Buchhandel.

Es gelten die Preise des aktuellen
Verzeichnisses.

Alle Ausgaben der nachfolgend aufgeführten
Broschüre »*Der Prophet*«
sind kostenlos erhältlich;
auch unser Gesamtverzeichnis der Bücher
und Cassetten können Sie kostenlos
anfordern bei:

Verlag DAS WORT GmbH
Max-Braun-Str. 2, 97828 Marktheidenfeld
Tel. 09391/504-135, Fax 09391/504-133

Internet: http//www.das-wort.com
e-mail : info@das-wort.com

Der Prophet

Die Stimme des Herzens, die ewige Wahrheit,
das ewige Gesetz Gottes,
gegeben von der Prophetin Gottes für unsere Zeit

Das Fundamentale in unserer Zeit zum
Nachdenken und zur Selbsterkenntnis

Nr. 1 Fragen an die Prophetin Gottes

Nr. 2 Fragen über Prophetie

Nr. 3 Die Stellung der Frau in der Gemeinde

Nr. 4 Der Aufbau des göttlichen Werkes und die Tat - die Betriebswirtschaft nach der Bergpredigt -, vom Geiste des Christus Gottes empfangen

Nr. 5 Verfolgung wegen Nachfolge Jesu. Das Glaubens- und Lebensbekenntnis der Urchristen im Universellen Leben

Nr. 6 Die Pirouetten des Lebens. Das Schicksal. Mein Schicksal, dein Schicksal, unser Schicksal, wessen Lebensplan? Der gerechte oder der ungerechte Gott?

Nr. 7 Das Leben der »Christen« im Jahreslauf

Nr. 8 Der sklavische Glaube und seine »Geheimnisse«

Nr. 9 Der Einheimische und der Prophet

Nr. 10 Der Jugendliche und der Prophet

Nr. 11 Wurde das Kirchenvolk kirchlich indoktriniert und gleichgeschaltet? Was ist Innere Religion - was ist äußere Religion? Was ist Freiheit - was ist Unfreiheit?

Nr. 12 Der Unbekannte, der sich selbst fremd ist. Brauchen wir »Heilige« als Fürbitter? Mutter Jesu - Mutter Gottes? Die Erbsünde. Dogma und Zwang zum Glauben. Die Nachfolge Jesu

Nr. 13 Schlagt die Bibel zu! Der Verrat an Jesus, dem Christus, und an den Propheten

Nr. 14 Der Atheist - ein Freund des Propheten? Das Sittengemälde der heutigen Zeit

Nr. 15:

Tiere klagen – der Prophet klagt an!

„Der Prophet" ist auch in vielen Fremdsprachen erhältlich.

Verlag DAS WORT GmbH
Max-Braun-Str. 2, 97828 Marktheidenfeld
Tel. 09391/504-135, Fax 09391/504-133

Internet: http//www.das-wort.com
e-mail : info@das-wort.com

Weltweites
Gebets- und Glaubens-Heilzentrum
des JESUS, des CHRISTUS

Urchristliches Heilen wie
bei JESUS von Nazareth

Das Weltweite Gebets- und Glaubensheilzentrum des Jesus, des Christus, wurde von Gabriele, der Prophetin und Botschafterin Gottes für unsere Zeit, im Jahre 1998 auf Wunsch des EWIGEN ins Leben gerufen, um das Urchristliche Heilen wieder neu zu beleben.
Jesus von Nazareth war der größte Heiler aller Zeiten. ER sprach vor 2000 Jahren zu den Geheilten: „Dein Glaube hat dir geholfen, gehe hin und sündige fortan nicht mehr!" Dies ist auch in der heutigen Zeit die Grundlage der Glaubensheilung. Er, der Christus Gottes, ist der Innere Arzt und Heiler und bietet allen willigen Menschen Seine Hilfe zur Entwicklung der Selbstheilungskräfte an.

Alle Menschen, gleich welcher Nationalität und Religionszugehörigkeit, sind herzlich eingeladen, dieses Angebot des Urchristlichen Heilens wahrzunehmen. Jeder kann frei kommen und gehen. Die Glaubensheilung ist kostenlos und erfolgt ohne Zeremonien, im Geiste des Christus Gottes.

Wenn Sie Informationen zum
Urchristlichen Heilen wünschen oder Fragen
haben, rufen Sie an
oder schreiben Sie an:

Weltweites Gebets- und Glaubens-
Heilzentrum des JESUS, des CHRISTUS

Haugerring 7
D 97070 Würzburg
(Nähe Hauptbahnhof)

Tel.-Nr.: 0931/3903-290
Fax-Nr.: 0931/3903-299

www.heilzentrum.cc

RADIO SANTEC
DIE KOSMISCHE WELLE
DAS WORT - DER UNIVERSELLE GEIST

Die Radiosendungen von RADIO SANTEC, Die Kosmische Welle, DAS WORT - DER UNIVERSELLE GEIST werden weltweit ausgestrahlt: Offenbarungen des Christus-Gottes-Geistes, Schulungen des Inneren Weges, die Kosmische Lebensschule, das Ur-Licht für alle Menschen, Geistige Hilfen für den Tag und vieles mehr.

Das komplette *Monats-Radioprogrammheft* mit weiteren Informationen über die angebotenen Themen erhalten Sie auf Wunsch kostenlos, ebenso die Tabelle mit den Frequenzen der Radiosendungen in den verschiedenen Landessprachen:

Radio SANTEC
DIE KOSMISCHE WELLE
DAS WORT - DER UNIVERSELLE GEIST
Marienstraße 1, 97070 Würzburg
Tel. 0931/3903-264, Fax 0931/3903-195

Auch im Internet unter:
www.radio-santec.com - e-mail: info@radio-santec.com

Hören Sie

Geistige Hilfen für den Tag

täglich um 6.45 Uhr auf Mittelwelle 1323

(Stand 2001)

Oder rufen Sie einfach an: Tel. 0931/3903-200